鏡の法則

野口嘉則
YOSHINORI NOGUCHI

Primera edición en español: febrero del 2010

Primera edición de la versión completa en bolsillo: febrero del 2019

Diseño y maquetación: Virgínia Pol
Diseño de colección: Cómo Design
Impresión: Impremta Aubert

ISBN: 978-84-17188-81-8
Depósito legal: B 684-2019

LA LEY DEL ESPEJO

Una regla mágica para solucionar cualquier problema de la vida

野口嘉則

YOSHINORI NOGUCHI

Traducción de Sandra Ruiz Morilla

comanegra

Esta historia está basada en hechos reales.
Se han cambiado los nombres de los personajes y sus profesiones.

Eiko Akiyama es un ama de casa de cuarenta años. Está preocupada por su hijo Yuta, que va a quinto de primaria y sufre acoso escolar, aunque de momento la cosa no ha llegado a las manos. Normalmente, lo que pasa es que lo ignoran o lo acusan de ser culpable de cualquier cosa que pase. Él no deja de insistir en que no lo están acosando, pero Eiko lo ve tan triste que se le parte el corazón.

A Yuta le gusta el béisbol, pero sus amigos ya no lo invitan a jugar con ellos. Después del colegio, va al parque y se pone a jugar solo, tirando la pelota contra la pared.

Dos años atrás, Yuta sí que jugaba con los demás niños. Un día, cuando Eiko volvía de comprar y pasaba junto al patio de la escuela, vio a su hijo en el campo de juego. Yuta cometió un error y sus compañeros de equipo lo criticaron muy duramente, sin piedad.

—¡Eres lento de reflejos!

—¡Por tu culpa, perderemos tres puntos!

—¡Si perdemos, la culpa será tuya!

Eiko era consciente de que Yuta no era ninguna eminencia en los deportes, pero tenía muchas otras virtudes. «Es tan buen chico...», pensaba. La apenaba que los otros no pudieran ver sus puntos fuertes y fue muy duro para ella ver que su hijo se disculpaba y agachaba la cabeza ante sus compañeros de equipo, que no dejaban de hacerle reproches.

Después de aquel incidente, dejaron de invitarlo.

—Eres un estorbo para el equipo, así que no vamos a dejar que juegues con nosotros —le dijeron.

Lo que peor sentó a Yuta fue que no lo invitaran más a jugar al béisbol. Su malestar era evidente y llegó a pagarlo con Eiko, pero a ella lo que más le dolía era que no le contase lo que le preocupaba, que no le abriera el corazón.

—Estoy bien —repetía una y otra vez.

Cuando ella trató de enseñarle a hacer las paces con sus amigos, él se puso a la defensiva:

—¡Déjame en paz, pesada!

Cuando le propuso cambiarlo de escuela, él le respondió que, si le hacía eso, no se lo perdonaría en la vida.

Eiko se sentía impotente y desgraciada por no poder hacer nada para ayudar a su hijo.

.... ○ 鏡 ○ ....

Una tarde, Yuta volvió del parque malhumorado y mucho antes de lo habitual.

—¿Qué te ha pasado, hijo?

—¡Nada! —respondió él secamente.

La verdad se abrió paso en forma de una llamada.

—Eiko, ¿te ha contado Yuta lo del parque?

—No. ¿Qué ha pasado?

—Hoy estaba en el parque, jugando en el columpio con mi hijo pequeño, cuando Yuta, como siempre, se ha puesto a jugar solo, lanzando la pelota contra la pared. Entonces han venido siete u ocho compañeros de clase que le han dicho que iban a jugar al balón prisionero y que él los molestaba. Uno de ellos le ha dado un balonazo y Yuta se ha ido corriendo. Lo he sentido mucho porque en aquel momento no he podido hacer nada. Lo lamento.

Eiko se quedó helada. «¿Le habrá pasado eso y no me ha dicho nada?» Estaba triste, porque su hijo no había confiado en ella, y se sentía sin fuerzas para hablar con él, para intentar sonsacarle lo que había pasado.

.... ○鏡○ ....

Al día siguiente, Eiko decidió llamar al señor Yaguchi, un conocido de su marido. No había hablado nunca con él, pero su marido le había dado su tarjeta una semana antes. Ambos habían coincidido en el club de kendo del instituto. Se habían perdido la pista durante casi veinte años, pero se habían encontrado por casualidad en la calle la semana anterior.

Como hacía mucho que no se veían, decidieron ir a tomar algo a una cafetería y pasaron casi dos horas charlando. El señor Yaguchi trabajaba como asesor de empresas. Su marido le había explicado que sabía mucho de psicología y que ayudaba a resolver problemas tanto del mundo empresarial como del personal. Le había explicado el caso de Yuta y se ofreció a echarles una mano y por eso le pasó su tarjeta.

Cuando volvió a casa, su marido se la dio y le dijo:

—Llámalo. Ya le he contado el problema.

—¿Y por qué tengo que ser yo quien llame? ¡No lo conozco de nada! Deberías hablar tú directamente.

—Eres tú quien me preocupa. Estás muy afectada por los problemas de Yuta. De eso estuve hablando con Yaguchi.

—¿Insinúas acaso que soy yo la que tiene un problema? Soy su madre. Es normal que esté preocupada. Como tú estás todo el día arriba y abajo con el camión y no estás nunca en casa, te da igual. Yo soy la que se pasa aquí día y noche cuidando a nuestro hijo, mientras tú te desentiendes de todo. No pienso hablar con ese hombre, porque estoy segura de que no sabe nada de cómo criar a un hijo —dijo Eiko, lanzando la tarjeta sobre la mesa.

Aquello había ocurrido una semana antes. Después de la llamada que había recibido, Eiko estaba tan desesperada y tan deprimida que se habría agarrado a un clavo ardiendo.

Odiaba sentirse así. Necesitaba ayuda desesperadamente y ya no le importaba de dónde pudiera llegar. Entonces recordó al señor Yaguchi. Afortunadamente, no tardó en encontrar la tarjeta.

Decidió llamarlo una hora después de que Yuta volviera a la escuela. Eiko no podía imaginar las sorpresas que le depararía aquel día.

……… ○ 鏡 ○ ………

Una recepcionista descolgó el teléfono y le pasó con el señor Yaguchi. Ella se presentó. La voz de él era agradable, pero dudó si explicarle sus problemas. No sabía qué palabras escoger. Afortunadamente, él rompió el hielo.

—¿Es usted la esposa de Akiyama?

—Sí, soy yo.

—¡Encantado de conocerla!

—Igualmente, señor Yaguchi. ¿Le ha contado mi marido algo sobre el tema?

—Sí, alguna cosa. Me dijo que estaba usted preocupada por su hijo.

—¿Podría usted ayudarme? ¿Podría dedicarme algo de tiempo?

—Ahora tengo una hora libre. Si le parece bien, me puede contar el problema por teléfono. Dígame.

Eiko le dijo que Yuta no tenía amigos, que sufría acoso en la escuela, y también le contó lo que había ocurrido en el parque el día anterior. Le resultaba fácil hablar con el señor Yaguchi.

Cuando acabó, él le dijo:

—No hay nada más difícil para una madre que ver sufrir a un hijo, ¿verdad?

Eiko notó las lágrimas que le resbalaban por las mejillas al escuchar aquellas palabras. El señor Yaguchi se dio cuenta de que lloraba y esperó a que se calmara antes de continuar.

—Usted quiere solucionar el problema de su hijo, así que le haré unas preguntas que tal vez nos den alguna pista de por dónde empezar a buscar la solución.

Eiko no acababa de creer que se pudiera solucionar aquel problema en el que había pensado tanto tiempo. Deseaba de todo corazón que desapareciera y que fuera verdad que aquellas preguntas la ayudaran a encontrar el camino.

—Pregunte lo que quiera. Haré lo que haga falta.

—Muy bien. Tal vez sea una pregunta algo indiscreta, pero necesito saber si hay alguien próximo a usted por quien sienta algún tipo de rencor.

·········· ○ 鏡 ○ ··········

—¿Cómo dice?

—Le parece que he cambiado completamente de tema, ¿verdad? Podría explicarle toda la teoría, pero nos llevaría horas y, lamentablemente, no disponemos de tanto tiempo, así que le expondré mi hipótesis: creo que lo que le está pasando a su hijo tiene relación con el hecho de que usted no agradece lo suficiente algo que alguien ha hecho por usted y, además, creo que le guarda rencor a esa persona.

—¿Qué tiene que ver que a mi hijo lo maltraten en el colegio con mi situación personal? Esto parece sacado de la doctrina de una secta religiosa.

—Es normal que piense así. Las bases de mi hipótesis son unas leyes conocidas desde la Antigüedad, pero que no se enseñan en la escuela.

—¿Y qué leyes son esas?

—Por ejemplo, que todo lo que pasa es en realidad un resultado, una consecuencia de nuestros actos y, como tal, el origen de todo está siempre en nosotros mismos. O que la realidad de lo que sucede en nuestra vida no es más que un espejo que refleja nuestro interior. Cuando nos miramos al espejo, pensamos: «Estoy despeinado» u «Hoy tengo mala cara», pero, cuando no tenemos un espejo delante, no nos damos cuenta de esas cosas. Piense en la vida como un espejo, un espejo que deja ver lo que hay en su interior. Gracias a él, podemos darnos cuenta de cómo nos sentimos y también tenemos ocasión de cambiar.

—Si lo que me hace sufrir no es más que una proyección de mis sentimientos, ¿qué es exactamente lo que me está mostrando ahora?

—Es difícil de especificar exactamente de qué se trata. Lo que está pasando en su vida es que están atacando a su hijo amado y que eso la hace sufrir, ¿no? Si pensamos que esto es un resultado o una consecuencia, un posible motivo es que usted esté maltratando a alguien a quien tendría que tratar bien. Como la vida actúa como un espejo, el hecho de que dentro de su corazón guarde rencor a una persona próxima a quien debería estar agradecida se refleja en el sufrimiento que le causa que otros traten mal a su hijo. Esta es mi hipótesis y no creo ir desencaminado. ¿Qué opina? Por ejemplo, ¿cómo es la relación con su marido?

—Le estoy agradecida. Mi marido trabaja con el camión para que nosotros podamos comer todos los días.

—Le está agradecida. ¿También lo respeta?

.... ○ 鏡 ○ ....

Eiko se sorprendió al escuchar la palabra «respeto». Había una parte de él que siempre había menospreciado un poco. Tendía a ver desconsideración y pasotismo en el carácter optimista de su marido, además de creerlo un poco inculto. Eiko tenía estudios universitarios y su marido solo había acabado el instituto. No era solamente eso: hablaba de forma brusca y nunca leía nada, salvo revistas. A ella le encantaba leer y alguna vez se había sorprendido pensando que no quería que su hijo se pareciera en eso a su padre.

Se lo explicó al señor Yaguchi.

—¿Usted piensa que la valía de una persona depende de su educación, de sus conocimientos o de su consideración por los demás?

—No, claro. Cada persona tiene puntos fuertes y puntos débiles.

—Entonces, ¿por qué infravalora a su marido y lo juzga según unos estándares en los que en realidad no cree?

—Sí, es incoherente…

—¿Qué relación tiene con su marido?

—Me saca de quicio con frecuencia… Nos peleamos bastante.

—¿Y qué piensa él sobre los problemas de Yuta?

—Siempre me quejo de lo que pasa, pero lo cierto es que nunca se lo he consultado seriamente, porque no confío demasiado en su criterio ni en sus consejos. Me cuesta mucho aceptar las opiniones de personas como mi marido.

—Claro. Tal vez hay otro motivo de fondo que explica por qué le cuesta tanto aceptar a su marido. Creo que deberíamos hablar de ello.

.... ○鏡○ ....

—¿Un motivo de fondo?

—Sí. Me gustaría profundizar en este tema. ¿Está usted agradecida por lo que ha hecho su padre por usted?

—¿Qué? ¿Mi padre? Claro que le estoy agradecida...

—¿Puede ser que una parte de usted piense que hay cosas que es incapaz de perdonarle?

Aquello la cogió por sorpresa. Tenía que admitir que realmente había algunos aspectos de su padre que no podía aceptar. Le estaba agradecida por haberla criado, pero la verdad es que él no le gustaba. Pese a que, incluso después de casarse y formar su propia familia, volvía siempre a casa en Navidad y para las fiestas del *Obon*,[1] en verano, la conversación con su padre se limitaba a cumplir con las exigencias del protocolo y poco más.

Pensándolo bien, ya desde el instituto tenían una relación de lo más distante.

—No puedo perdonar a mi padre algunas cosas del pasado y no creo que pueda hacerlo.

—¿Así que no puede perdonarlo? Seguramente tiene sus motivos, pero me gustaría que al menos lo intentara. ¿Qué me dice?

—No acabo de entender qué tienen que ver mi marido y mi padre con mi problema actual.

—De momento, no es más que una teoría, pero necesito que haga algo para poder saber si estoy en lo cierto.

—Está bien. Dígame qué tengo que hacer.

1 El festival del *Obon* es una tradición budista de veneración a los ancestros que se celebra en Japón durante el verano.

—Lo primero que tiene que hacer es escribir en un papel todo lo que no le puede perdonar a su padre. También puede añadir frases para desahogarse, en las que manifieste su rabia. Puede escribir cosas como «Es un idiota», «No lo soporto», «Lo odio», «Es un imbécil»... Todo lo que quiera. Exprese con palabras todo su resentimiento, sin censuras. Si recuerda algo concreto, también lo puede escribir. Por ejemplo: «Cuando pasó tal cosa, me sentí así». Tiene que escribir hasta que sienta que lo ha dejado todo plasmado en el papel. Cuando haya acabado, llámeme.

Eiko tenía muchas dudas de que aquello pudiera resolver el problema de Yuta, pero decidió que no tenía nada que perder.

«Si hay alguna posibilidad de que funcione, tengo que intentarlo», pensó.

No estaba convencida de que lo que decía el señor Yaguchi tuviera algún fundamento, pero en cierto modo se sentía persuadida por él. Después de colgar el teléfono, cogió un cuaderno y empezó a escribir sobre los sentimientos que le provocaba su padre.

鏡

«Cuando era pequeña, mi padre siempre era muy crítico con todo. Era frecuente sufrir sus sermones durante la cena. Si no se hacía lo que él quería, nos gritaba y nos reñía con malas maneras. A menudo, yo pensaba que mi padre no tenía ningún interés en mis sentimientos.

»Cuando bebía, se quejaba de su trabajo. Lo odiaba.

»Trabajaba en una empresa constructora, dirigiendo las obras. No me gustaba nada que volviera a casa sucio y lleno de polvo y, sin cambiarse la ropa del trabajo, se sentara directamente a la mesa para cenar».

Eiko siguió escribiendo sobre los sentimientos que le inspiraba su padre. Sin darse cuenta, las frases fluyeron de una forma cada vez más contundente, como «No sirves como padre» o «Me das asco».

Recordó un incidente que tuvo lugar cuando todavía iba al instituto. Una vez, ella salió con un chico que iba a su clase. Estaba paseando con él y su padre los vio por casualidad. Cuando volvió a casa, su padre la interrogó como si hubiera cometido un crimen y le echó un sermón.

A sus padres les había dicho que saldría con unas amigas y él no le perdonó que les hubiera mentido.

Aún recordaba las palabras exactas que le dirigió:

—¡¿Cómo puedes ser tan mala para mentirnos a nosotros, tus padres?! ¡Eres una calamidad y nunca sacaremos nada bueno de ti!

Una oleada de rabia inundó su mente al recordarlo. Lo plasmó con estas palabras:

«¡Es que, con el carácter que tienes, no mereces más que mentiras! ¿No entiendes que tenía buenos motivos para engañaros? Y, encima, después me dijiste que nunca ibais a sacar nada bueno de mí. ¡Te pasaste un montón! ¿No te das cuenta de que esas palabras me hicieron daño? ¡Tú sí que eres un inútil como padre! Desde aquel momento, ya no tuve más ganas de explicarte nada nunca más. ¡Recoges lo que siembras!»

Eiko no tardó en sentirse triste y abatida. Mientras escribía, no paraba de llorar.

Pasó casi dos horas entretenida en la tarea y el mediodía la sorprendió casi sin darse cuenta. Su escrito tenía más de diez páginas y sus palabras reflejaban el cúmulo de sentimientos que le provocaba su padre. No sabía si era por haber hablado de él de forma tan contundente o por haber llorado durante todo el proceso como una niña pequeña, pero lo cierto era que se sentía mucho mejor.

……… ○鏡○ ………

Eiko llamó al señor Yaguchi a eso de la una.

—¿Ha podido escribir lo que siente?

—Sí. He llorado mucho, pero me siento como si me hubiera quitado un peso de encima.

—Debe de haber sido difícil. Lo próximo que tiene que conseguir es perdonar a su padre. Ya sé que me dijo que le resultaría imposible, pero yo creo que puede lograrlo. ¿Qué le parece?

—Lo intentaré. Supongo que me sentiré mejor si lo consigo.

—Perfecto. Recuerde que perdonar a su padre es algo que debe hacer por usted misma y por nadie más. Prepare una hoja de papel y escriba como título *Cosas por las que tengo que estar agradecida a mi padre.* ¿Qué cosas le agradece?

—Para empezar, que trabajase para poder criarme. Gracias a su trabajo, teníamos el dinero necesario para que la familia pudiera comer y no nos faltara nada.

—Por favor, escriba lo que me acaba de decir. ¿Qué más?

—A ver... Pues... Cuando era pequeña, siempre me llevaba al parque y jugaba conmigo.

—Escríbalo, por favor. ¿Algo más?

—Creo que eso es todo.

—De acuerdo. Ahora prepare otra hoja y titúlela *Cosas de las que me gustaría disculparme con mi padre.* Dígame, ¿por qué debería pedirle perdón?

—Por nada en especial. Si tuviera que decir algo, tal vez optaría por haber sentido antipatía hacia él durante tanto tiempo, aunque, para ser sincera, le tengo que decir que no es algo por lo que realmente sienta la necesidad de disculparme.

—No pasa nada si esas palabras no son exactamente consecuentes con lo que siente. De momento, escriba lo que me ha dicho.

—Ya está.

—Tengo una propuesta para usted. Por lo general, no la hago en una fase tan inicial, pero creo que ya está preparada. Si no lo tiene claro, no pasa nada. Encontraremos otro modo. Seguro que, si se decide a llevarla a cabo, le hará falta una buena dosis de valor, posiblemente más de la que nunca haya necesitado antes.

—¿Qué es lo que propone que requiere tanto valor?

—Mi propuesta es que llame ahora mismo a su padre y le diga lo que le agradece y aquello por lo que se quiere disculpar. Si no le sale de forma natural, utilice las frases que tiene preparadas. Puede limitarse a leerlas y puede colgar el teléfono en cuanto las haya dicho. ¿Qué le parece? ¿Se siente capaz de hacerlo?

—Mmm... Tiene razón en que el valor que se necesita para hacer algo así es considerable, más del que he necesitado nunca, pero, si existe alguna posibilidad de resolver así el problema de mi hijo, lo tengo que intentar, aunque no sea fácil.

—Piénselo bien y, si se siente con valor para hacerlo, no lo dude. Avíseme cuando haya acabado, si finalmente es capaz de dar ese paso. Bien, ahora tengo que dejarla. Estaremos en contacto.

·········· ○ 鏡 ○ ··········

Lo que le dio fuerzas para dar el paso fue que el señor Yaguchi le dijera que bastaba con leer lo que había preparado.

En realidad, ella no sentía que tuviera que disculparse por nada. De hecho, le parecía injusto tener que pedir perdón.

«En todo caso, tendría que hacerlo él», pensaba. De todos modos, si se trataba tan solo de leer aquellas páginas, no era para tanto, así que se decidió.

Le sorprendió sentir que deseaba realizar aquella llamada. Seguramente, de no ser por lo que le pasaba a Yuta, no habría llamado a su padre en lo que le quedaba de vida.

Desde que se casó, cada vez que llamaba a casa de sus padres y era él quien descolgaba el teléfono, en cuanto oía su voz le decía: «Soy yo. ¿Se puede poner mamá?».

En cuanto Eiko decía «Soy yo», él entendía que la llamada no era para él y buscaba a su madre para que la atendiera. Tampoco él podía imaginar que Eiko llamara para hablar con él, aunque aquella vez sí que era así.

·········· ○鏡○ ··········

Si se lo pensaba mucho, al final se echaría para atrás, así que se decidió y marcó el número.

Fue su madre quien contestó.

—Soy yo.

—¡Hola, Eiko! ¿Cómo estás?

—Voy tirando... ¿Está papá?

—¿Tu padre, dices? ¿Quieres que te lo pase?

—Sí.

—Caray, ¡qué raro! ¿Y de qué quieres hablar con él?

—Pues lo cierto es que es un poco largo de explicar... ¿Le puedes decir que se ponga, por favor?

—De acuerdo. Espera.

Los pocos segundos que tardó su padre en responder fueron suficientes para que el nerviosismo de Eiko llegara al máximo.

Había odiado a su padre muchísimos años y durante ese tiempo se había negado a abrirle su corazón. Sin embargo, para la Eiko que sufría sobremanera por su hijo, nada era imposible: ni siquiera lo que antes lo parecía.

Si existía alguna posibilidad, por remota que fuera, de encontrar allí una solución, no dudaría en ir a buscarla. Aquel pensamiento la había impulsado a llegar hasta donde se encontraba.

Escuchó a su padre al otro lado del teléfono.

—Qué... ¿Qué pasa? ¿Quieres hablar conmigo?

Eiko empezó a hablar, presa del pánico, sin saber muy bien lo que estaba diciendo.

—Esto... Es que... No te lo he dicho nunca hasta ahora... Te llamo porque he pensado que decírtelo sería lo mejor... Creo que tu trabajo era muy duro y que te esforzaste para que yo pudiera salir adelante y... ¿Te acuerdas de cuando me llevabas al parque de pequeña? Pues he pensado que nunca te lo agradecí como era necesario... y... también quería disculparme por mi actitud hacia ti todos estos años.

Eiko no fue capaz de utilizar las palabras «gracias» ni «perdón», pero había transmitido el mensaje.

Se había dicho a sí misma que en cuanto su padre contestara algo colgaría, pero él se había quedado callado como una tumba. Justo cuando pensaba que no podía colgar sin más, sin aguardar alguna respuesta, escuchó la voz de su madre al otro lado del auricular.

—¿Se puede saber qué le has dicho a tu padre?

—¿Qué?

—¡Seguro que le has dicho alguna barbaridad! ¡Está llorando, desconsolado!

Eiko escuchaba los sollozos de su padre.

Aquello la desconcertó por completo. Nunca antes había oído llorar a su padre. Su padre, que siempre había sido tan fuerte, ¡se había puesto a llorar porque ella le había mostrado un poco de gratitud, que ni siquiera era sincera!

Las lágrimas de su padre hicieron nacer en los ojos de Eiko las suyas propias.

«Seguro que papá quería quererme más y hablar más conmigo, pero yo le cerré esa puerta», pensó.

Su padre, el hombre fuerte que había conocido siempre, el que aguantaba sin rechistar los trabajos más duros, ahora se deshacía en llanto. No podía imaginar que para él fuera tan duro que su hija no le hubiera expresado nunca su amor. Poco a poco, las lágrimas de Eiko también dieron paso a los sollozos...

—Eiko, ¿estás bien? ¿Puedes explicarme lo que pasa?

—Mamá, déjame hablar otra vez con papá.

Él volvió a coger el teléfono. Aún le temblaba la voz por la emoción.

—Perdóname, Eiko. Nunca he sido un buen padre. ¡Te hice sufrir mucho!

Se reanudaron los sollozos.

—Papá, lo siento. Perdona que no haya sido una buena hija y gracias por cuidar de mí.

Ahora era la voz de Eiko la que se apagó por la emoción.

Pasó un buen rato antes de escuchar de nuevo a su madre.

—Cuando estés más calmada, me explicarás lo que ha pasado, ¿verdad? Cuelgo, ¿vale?

Después de colgar el teléfono, Eiko se quedó inmóvil durante un buen rato.

Durante veinte años se había sentido la única víctima de aquella situación; veinte años durante los cuales había odiado a su padre y se había sentido incapaz de perdonarlo. Aquello le había impedido ver a su padre desde otra perspectiva: no había visto su amor, sus debilidades ni su involuntaria torpeza. Nunca habría imaginado lo mucho que había sufrido por su culpa. No podía dejar de darle vueltas.

Un sentimiento de gratitud hacia él comenzó a nacer en Eiko. Había sido un acierto encontrar el valor suficiente para llamarlo, pensó.

.... ○ 鏡 ○ ....

—Yuta volverá dentro de una hora...

En aquel momento sonó el teléfono. Era el señor Yaguchi.

—Hola, soy Yaguchi. Tengo un rato libre y he pensado en llamarla. Siento haberla dejado con la palabra en la boca, pero es que tenía una cita...

—Lo cierto es que he llamado a mi padre y me alegro mucho de haberlo hecho. Gracias.

Le contó rápidamente cómo había ido la conversación.

—Ah, ¿sí? Pues yo me alegro de que encontrara el valor necesario para hacerlo.

—Pensaba que el problema más grande que tenía era el de Yuta, pero ahora veo claro que era mucho peor haber estado tantos años enfadada con mi padre. Casi me alegro de lo que ha pasado, porque gracias a eso he podido arreglar la situación con mi padre.

—Me alegro de que pueda enfocar el problema desde una perspectiva más optimista. Eso se conoce como la ley de la inevitabilidad: cuando aprendemos una cosa, vemos clara la siguiente. Lo cierto es que todos los problemas que tenemos en la vida tienen por objeto mostrarnos algo importante. Es decir, que nada ocurre por azar y que las cosas suceden porque es inevitable que así sea o, como mínimo, así es hasta que resolvemos un problema que tenemos pendiente. Todos los problemas tienen solución y, si los enfrentamos con optimismo, al final nos traen algún beneficio que nos hará decir «Me alegro de que pasara eso. Gracias a aquel problema...».

—Sí, pero sigo preocupada, porque aún no he encontrado la solución para el problema de Yuta.

—Ya. Entiendo que eso la preocupe, pero es muy posible que el paso que ha dado para perdonar a su padre haya sido un gran salto hacia delante y que el problema de su hijo se haya empezado a resolver. En el mundo de los sentimientos todo está relacionado.

—No entiendo a dónde quiere ir a parar con eso.

—Piénselo: no es una idea tan descabellada. Consideremos lo que ha sucedido hasta ahora. Lo que más la hacía sufrir era que Yuta no compartiera con usted sus sentimientos, ¿verdad? Usted misma me dijo que era extremadamente difícil para una madre verse impotente ante semejante situación y que quería acabar con esa congoja.

—Sí. No me cuenta que está sufriendo en el colegio y, cuando intento hacer algo para ayudarlo, me dice que lo deje en paz. Me siento impotente. Es muy duro, como madre, sentir que no puedes hacer nada cuando ves tan triste a tu hijo.

—Sí, debe de ser muy duro. ¿Adivina quién sintió una sensación parecida, también?

—¿Cómo? ¿Quién...?

Su padre le vino a la mente enseguida.

¡Claro! El mismo pesar que sentía ella lo había acompañado a él durante años. Había sido una hija pésima. Le había roto el corazón y lo había rechazado y él debía de sentirse tan impotente como padre...

«Mi padre ha sufrido durante veinte años lo mismo que yo ahora... Y todo ha sido por culpa mía», pensó Eiko, mientras sentía que las lágrimas volvían a brotarle de los ojos.

—Ahora comprendo: hice que mi padre pasara por lo mismo que estoy padeciendo yo. Eso explica su reacción.

—Los problemas de la vida nos hacen darnos cuenta de las cosas importantes.

—De nuevo, el problema de Yuta me ha servido para ver el daño que le hice a mi padre.

—Lo que sienten su hijo, su padre y usted está relacionado. El rechazo que usted le mostraba a su padre es el mismo que recibe de su hijo. Esta situación le ha abierto los ojos.

—Tendría que estarle agradecida a Yuta. Tendría que darle las gracias por ayudarme a reconocer lo importante. Lo cierto es que hasta ahora solo le ponía presión al exigirle que me contara lo que le pasaba.

—¿Ahora puede entender mejor a su hijo?

—¡Claro! De pequeña odiaba que mi padre estuviera siempre encima de mí, criticándolo todo. Ahora entiendo que, aunque yo lo odiaba, sus quejas eran una muestra de su amor. En aquel momento no podía verlo, pero ahora sí. Creo que Yuta siente mi afecto como algo invasivo y se siente igual que yo entonces.

—Y en aquella época, ¿cómo le habría gustado que fuera su padre?

—Quería sentir que confiaba en mí. Me habría gustado que me dijera algo como: «Todo irá bien, Eiko. ¡Tú puedes!». Seguro que mi hijo quiere lo mismo. Puede que no haya confiado en él lo suficiente. Solo pensaba en cómo ayudarlo, ya que estaba segura de que él no podía solucionar sus problemas solo. Por ese motivo, siempre lo interrogaba sobre su vida e intentaba darle lecciones, pero ahora he aprendido que tengo que confiar más en él.

—Ha entendido a su padre y eso le ha permitido entender a su hijo. Ahora tenemos que hablar sobre su marido. Por la mañana, cuando me ha llamado, ¿recuerda lo que le he dicho? «Creo que lo que le está pasando a su hijo tiene relación con el hecho de que usted no agradece lo suficiente algo que alguien ha hecho por usted y, además, creo que le guarda rencor a esa persona».

—Lo recuerdo.

—¿Puede volver a describirme los sentimientos que su marido despierta en usted?

—Pues... Lo veo como alguien sin educación y desconsiderado. Ve que sufro mucho por lo de Yuta, pero a él ni le va ni le viene. Es como hablar con una pared. Por eso, ya no le cuento nada ni tengo en cuenta su opinión. No vale la pena.

Mientras hablaba, Eiko observó que la actitud que adoptaba con su marido se parecía mucho a la que había tenido con su padre.

—Me comporto con él como con mi padre, ¿verdad?

—Es habitual que las mujeres proyecten en su marido las conductas que tenían con respecto a su padre. Por cierto, por lo que me ha dicho, deduzco que Yuta sí que confía en su marido. ¿No es así?

—Pues sí. Tal vez debería aprender de él. Yuta habla abiertamente con su padre. Supongo que lo hace porque confía en él, ¿no? No había valorado nada esta virtud de mi marido.

—Está bien que se haya dado cuenta. Ahora le pediré que realice unas tareas. Usted decidirá si quiere hacerlas o no. Esta mañana ha escrito usted dos hojas en las que ponía, en una, aquello por lo que estaba agradecida a su padre, y en la otra, aquello por lo que quería disculparse. Quiero que añada más cosas a esa lista. Utilice todo el papel que necesite.

»Cuando termine, prepare otra hoja y escriba, como título, *Cómo debería haberme comportado con mi padre.* La intención de esta nueva hoja no es que usted se lamente de lo que podría haber hecho y no hizo con su padre en el pasado, sino encontrar pistas sobre cómo relacionarse a partir de ahora con su marido.

»Por otro lado, me gustaría que, por la noche, cuando Yuta se haya dormido, le mire la cara y, al mismo tiempo, susurre cien veces «gracias». ¿Qué le parece? ¿Lo hará?

—Por supuesto que sí.

·········· ○鏡○ ··········

En cuanto Eiko colgó, Yuta regresó de la escuela.

Dejó la mochila en la entrada y, como siempre, cogió su guante de béisbol y la pelota y se fue al parque.

«Aunque ayer sus amigos lo echaron del parque, hoy regresa», pensó Eiko, de lo más preocupada.

Para distraerse y no pensar en eso, emprendió las tareas que le habían propuesto.

Entonces sí que fue capaz de recordar muchas cosas por las que estar agradecida a su padre.

MOTIVOS PARA ESTAR AGRADECIDA A PAPÁ

- Por haber trabajado muy duro en la obra durante tanto tiempo para que la familia pudiera salir adelante.

- Por haber estado conmigo toda la noche y haberme llevado a Urgencias cuando tenía fiebre, cosa que había pasado más de una vez. Me imagino que tuvo que costarle mucho, después de un día de trabajo intenso.

- Por haberme enseñado a nadar de pequeña y llevarme con frecuencia a la playa y al río.

- Por haberme comprado cada año, cuando era pequeña, un melón por mi cumpleaños. Él sabía que me encantaban.

- Por haber ido a hablar con los vecinos cuando su hijo comenzó a meterse conmigo, siendo yo pequeña.

- Por no haberse quejado nunca y pagar religiosamente todos los gastos cuando entré en una universidad privada, que, en aquel momento, fue una gran carga para la economía familiar.

- Por haber encargado *sushi* a domicilio de un restaurante muy caro para celebrar que había conseguido trabajo. Recuerdo haberle dicho entonces que no me gustaba el *sushi* y ni siquiera lo probé, y lo dejé completamente abatido.

- Por habernos abierto, a mi hermano y a mí, una cuenta en el banco «para cualquier eventualidad», en la que iba ingresando mensualmente alguna cantidad, por pequeña que fuera. El día antes de mi boda, mi padre intentó darme el dinero, pero yo le dije que prefería que me lo ingresara en la cuenta, porque «no quería ir cargando aquello» y no lo cogí.

Cuando acabó la hoja de motivos para estar agradecida, empezó a pensar en los motivos que tenía para disculparse. Mientras los escribía, sintió que las lágrimas le asomaban a los ojos.

«No sabía que me quisieras tanto, a pesar de lo mal que te lo he hecho pasar todos estos años. Estaba tan obsesionada con no perdonarte que no supe ver todo el amor que sentías por mí y, mientras tú no hacías más que mostrarlo, yo no hice nada por ti. Prácticamente nunca he hecho nada por ti como hija».

Se dio cuenta de que tampoco había respetado el empleo de su padre. Siempre lo había considerado vulgar y de baja cualificación. Asimismo, gracias a que él siguió trabajando allí, ella pudo ir a la universidad. Nunca había pensado en eso. Por primera vez, sintió gratitud y respeto por su trabajo.

El empleo de su marido tampoco requería grandes estudios y sentía por él la misma animadversión que por el trabajo poco refinado que desempeñaba su padre. Ahora que había cambiado la forma de ver a su progenitor, seguro que también podría encontrar mucho que agradecer a la forma de ganarse la vida de su marido.

Con esta idea en la cabeza, cogió otra hoja y escribió el título: *Cómo debería haberme comportado con mi padre*. No le costó demasiado encontrar las palabras para empezar a escribir.

CÓMO DEBERÍA HABERME COMPORTADO CON MI PADRE

- Debería haber entendido que, así como yo no era perfecta, mi padre tampoco lo era.

- Me tendría que haber dado cuenta del amor que había tras los actos y las palabras de papá.

- Tendría que haberle agradecido lo que hacía por mí.

- Debería haberle expresado mi agradecimiento con palabras.

- Debería haberle dicho las cosas que me molestaban y construir una relación agradable para los dos.

Pensó que eso era exactamente lo mismo que necesitaba para mejorar la relación con su marido, con ese marido que trabajaba para ella, con el compañero que había escogido para su vida... Se había olvidado de agradecerle todo lo que se esforzaba por ella.

Es posible que fuera la primera vez en su vida que se sentía así con respecto a él.

«Posiblemente tenga relación con el hecho de que ahora soy capaz de sentir agradecimiento hacia papá. Hoy le daré las gracias a mi marido», pensó.

·········· ○鏡○ ··········

Había estado tan sumida en sus pensamientos que no se dio cuenta de que había empezado a anochecer. Prácticamente no había hecho ninguna de las tareas de la casa en todo el día. Desde que llamó al señor Yaguchi a las nueve de la mañana, se había pasado todo el día reflexionando sobre sus problemas.

Yuta regresó a casa justo en el momento en que se preguntaba qué podía preparar para cenar.

—Mamá, escucha.

—¿Qué pasa? ¿Has tenido un buen día?

—¿Te acuerdas de Daiki? La verdad es que ayer me dio un pelotazo.

—¿Sí? Ese es el chico que siempre te está molestando, ¿verdad?

—Pues hoy, cuando estaba a punto de regresar a casa, me lo he encontrado en el parque y me ha pedido perdón por haberse metido conmigo.

—¡Qué bien! —respondió Eiko.

Tenía la sensación de que se estaba produciendo un milagro.

Sin duda, aquello tenía relación con haber perdonado a su padre. Estaba segura.

Como para Eiko hablar con Yuta era más importante que la cena, decidió que la encargaría fuera.

Mientras esperaban que llegara, Eiko le dijo:

—Lamento haberme metido tanto en tus cosas. A partir de ahora, intentaré no estar tan encima ni ser tan criticona, pero, cuando necesites ayuda, dímelo y allí estaré. Confío en ti.

Yuta se puso muy contento al escuchar aquellas palabras:

—Entendido. Muchas gracias —respondió.

Era evidente que Yuta deseaba de todo corazón escuchar que su madre confiaba en él.

—¡Hoy ha sido un día excepcional! ¡No paran de llegar buenas noticias! —dijo Yuta.

Eiko se sintió feliz.

La comida no tardó en llegar.

—Yuta, hoy esperaré a que vuelva papá. Tú puedes ir cenando.

—¡Huy! ¿Y eso? Si nunca lo esperas...

—Es que hoy me apetece cenar con él. Siempre vuelve cansado, después de pasarse todo el día trabajando, y debe de ser muy triste tener que cenar solo un Oyako-don[2] frío, ¿no te parece?

—Entonces yo también lo espero. Será más divertido cenar los tres juntos.

—Eres un buen chico, Yuta. Te pareces a tu padre.

—¡Hoy estás muy rara! Siempre dices que papá es muy basto.

—Tienes razón, pero he visto que estaba equivocada. Papá es muy amable, fuerte... ¡Un hombre de verdad!

2 Plato típico japonés, compuesto sobre todo por arroz, pollo y huevo.

—Ya, pero, si no estudio, acabaré con un empleo como el de papá, ¿no?

—Lo siento. También estaba equivocada en eso. El trabajo de tu padre está muy bien. Entrega paquetes que son muy importantes para los clientes. Además, gracias a él podemos comer cada día. Tenemos que estar agradecidos por el trabajo que tiene.

—¿En serio piensas eso?

—Sí.

Cuando Eiko lo dijo, vio en la cara de su hijo la sonrisa más resplandeciente que había visto en todo el día.

Los niños deben crecer sintiendo respeto por sus progenitores y tomándolos como modelos. Las palabras que Eiko había dedicado a su hijo eran como un semáforo en verde que le daba permiso para respetar a su padre e hicieron enormemente feliz a Yuta.

Cuando el marido de Eiko volvió a casa, los tres comieron el arroz con pollo, que ya estaba frío. Estaba muy contento, porque no esperaba cenar con su familia. La comida estaba fría, pero él no dejaba de repetir: «¡Está buenísimo!»

鏡

Yuta se quedó dormido mientras su padre se bañaba. Eiko, sin dejar de mirar el rostro de su hijo, comenzó a dar gracias en voz baja. Sintió nacer en su corazón un enorme sentimiento de gratitud, posiblemente fruto de aquellas palabras.

«Creía que mi pequeño era el origen de mis problemas, pero precisamente gracias a él he podido darme cuenta de lo que realmente es importante en la vida. Ha sido mi guía», pensaba, mientras miraba con dulzura a su angelito.

Se dio cuenta de que las lágrimas le volvían a rodar por las mejillas. Llevaba todo el día llorando como una Magdalena...

El teléfono sonó poco después. Era un fax de su madre, que decía lo siguiente:

Eiko,

papá me ha contado, entre llantos, lo que ha pasado hoy.
Yo también me he emocionado mucho al oírlo.

Me ha dicho que nunca antes, en sus setenta años de vida, se había sentido tan feliz.

Esta noche no ha tocado el alcohol y ya sabes que normalmente bebe durante la cena. Me ha dicho: «Si me emborracho, me perderé esta felicidad que me embarga».

¿Cuándo vendrás a casa?

¡Tenemos muchas ganas de verte!

Mamá ママ

«Papá, que acostumbra a emborracharse cada día, incluso cuando está enfermo, ¡no ha bebido nada hoy! Mis palabras han debido de hacerlo verdaderamente feliz. ¿Será la tristeza lo que lo impulsa a beber?», pensó Eiko, sintiendo de nuevo que se le humedecían los ojos.

—¿Qué te pasa? ¿Estás llorando? —le preguntó su marido al salir del baño.

Eiko le contó todo lo que había sucedido aquel día.

Le narró la conversación que había mantenido por la mañana con el señor Yaguchi, que había escrito en una hoja todo el resentimiento que experimentaba hacia su padre y también que por la tarde lo había llamado y se había reconciliado con él.

—Vaya. ¿Y tu padre también ha llorado? —preguntó su marido, con lágrimas en los ojos.

También le contó que el chico que le hacía la vida imposible a Yuta se había disculpado con él.

—Mmm... ¡Sí que pasan cosas extrañas! Lo cierto es que no sé cómo lo ha conseguido Yaguchi, pero estoy muy contento de que estés mejor. Eso es lo más importante.

Eiko, que seguía llorando, se disculpó con su marido.

—Gracias. Te estoy muy agradecida por todo lo que haces. Hoy he vuelto a sentir admiración por ti. Me duele no haberme dado cuenta hasta ahora de lo maravilloso que eres.

El marido de Eiko dejó caer dos gruesas lágrimas al escuchar aquellas palabras.

Al día siguiente, Eiko comunicó al señor Yaguchi cómo había acabado el día anterior y le agradeció su ayuda de todo corazón.

Su marido lo había llamado aquella mañana.

—Su marido también me ha llamado. Me alegro mucho de haber sido útil. Estoy admirado por su valor y por lo bien que lo ha hecho. Lo que diré ahora es importante. Si es posible, dedique algo de tiempo todos los días a dar las gracias a su hijo, a su marido y a su padre. Estoy convencido de que esto la ayudará a mejorar su relación con ellos.

Aquella tarde, Yuta volvió a casa muy contento.

—¡Ya estoy en casa! —dijo—. ¡Mamá, mamá! ¡Hoy mis amigos me han invitado a jugar al béisbol con ellos! ¡Me marcho!
Yuta cogió su guante y se fue corriendo.

De nuevo, las lágrimas rodaban por las mejillas de Eiko. Con un hilo de voz, dijo a su hijo: «Hasta luego».

Querida señora Eiko Akiyama:

El espejo de la vida nos sirve para darnos cuenta de las cosas que son importantes. Estoy orgulloso de usted, porque hace falta mucho valor para hacer todo lo que le he propuesto.

Sin embargo, tengo que hacerle otra petición.

Llegará un día en el cual la experiencia que ha vivido estos días sea útil a otra persona. Cuando llegue ese momento, me gustaría que se la contara a la persona que lo necesite. Hágalo por mí.

Espero de todo corazón que la vida de su familia esté llena de alegría, agradecimiento y amor. Dé recuerdos a su marido de mi parte.

Atentamente,

Yaguchi

幸せ

CÓMO ATRAER LA FELICIDAD A NUESTRA VIDA

EPÍLOGO

MÁS QUE UNA HISTORIA EMOTIVA

Este relato, aunque con algunos cambios en los nombres de las personas, sus profesiones y en algunas adaptaciones para darle mayor consistencia, está basado en una historia real.

Cuando la escribí en mi blog, en el año 2005, tuvo una enorme repercusión y recibí correos de multitud de lectores. Entre ellos, había muchos mensajes conmovedores como estos:

—Me he dado cuenta del amor de mis padres.

—Mi corazón se ha llenado de gratitud.

—He encontrado el valor para perdonar a una persona a la que había odiado durante años.

En una ocasión, hice copias de esta historia y las repartí entre los asistentes a los cursos para mejorar la inteligencia emocional que impartía en empresas. El primer día del seminario les propuse, a modo de tarea, que la leyeran en casa y al día siguiente hablamos de lo que opinaban al respecto.

El 90% de los asistentes confesaron haber llorado o que se les había saltado alguna lágrima al leerla. Me di cuenta de que la historia tenía algo que tocaba la fibra sensible de las personas que la leían..

En el año 2006 se publicó por primera vez y los medios de comunicación e Internet se hicieron eco. Se vendieron más de un millón de ejemplares.

Lo cierto es que nunca imaginé que tantas personas llegarían a interesarse por la historia.

A medida que se iba haciendo más conocida, se incrementaba el número de correos que recibía de los lectores. La mayoría eran consultas sobre la relación entre padres e hijos.

«Quiero sentir agradecimiento hacia mis padres, pero, cuando hablo con ellos y veo que lo único a lo que se dedican es a criticar todo lo que hago, se me quitan las ganas. ¿Cómo puedo sentir agradecimiento sincero hacia ellos?»

«Mis padres se inmiscuyen en mis asuntos e intentan controlarlo todo, incluso mi vida privada. ¿Merecen también mi agradecimiento y que intente construir una buena relación con ellos?»

«Las palabras y la actitud desconsiderada de mis padres me han hecho mucho daño desde pequeña y, por mucho que lo intente, no consigo perdonarlos. ¿Debería hacerlo, de todos modos?» Muchos me preguntaban por la manera de cambiar la relación con sus padres o me confesaban que no sabían cómo hacerlo. Otros me pedían consejo sobre cómo establecer las directrices que les permitieran desarrollarse y ser más independientes.

En resumen, la lectura de esta historia ha emocionado a muchas personas, pero les ha resultado poco útil cuando han intentado aplicarla a la relación que tenían con sus padres.

Por este motivo, hemos decidido crear esta versión actualizada y mucho más completa de *La ley del espejo*, para tratar de dar respuestas a las dificultades que surgen en la práctica y de brindar explicaciones y propuestas para los lectores que necesitaban alguna pauta más para poder superarlas.

LA VIDA ES UN ESPEJO QUE REFLEJA NUESTRO INTERIOR

二

A continuación, comentaré la historia que acabamos de narrar. Comencemos por el título: *La ley del espejo.*

El señor Yaguchi enseña la siguiente ley a Eiko, la protagonista de la historia: la realidad de lo que sucede en nuestra vida no es más que un espejo que refleja nuestro interior. Esta frase expresa a la perfección el significado de la «ley del espejo».

Como indica esta ley, la realidad de nuestra vida reproduce fielmente el funcionamiento de un espejo: refleja lo que hay en nuestro corazón.

Por ejemplo, si en nuestro interior solo hay descontento, este se proyectará en nuestra vida y veremos pasar cosas que incrementarán el malestar.

En cambio, si estamos agradecidos al mundo, también proyectaremos esa gratitud y pasarán cosas por las que estar agradecidos, que llenarán nuestra vida de este sentimiento.

Asimismo, cuando vivimos guardando un gran resentimiento por alguien, eso repercute en nuestra vida y nos hace experimentar el resentimiento de otra persona. Cuando nos alegramos por la felicidad de los demás, nos ocurren situaciones que nos proporcionan esa misma felicidad.

En la vida, pues, recibimos sentimientos que tienen la misma longitud de onda que los que nosotros enviamos. En ese sentido, la vida es un espejo que refleja nuestro estado interior.

Se cree que los orígenes de esta ley están relacionados con el karma budista: la concepción de la recompensa o el castigo por los comportamientos pasados, que también se encuentra en otras religiones tradicionales y filosofías orientales.

Esta ley a menudo puede darnos pistas sobre cómo afrontar las dificultades de nuestra existencia. Es decir que, si miramos lo que pasa en nuestra vida, podremos descubrir lo que siente nuestro corazón en esos momentos, lo cual nos permitirá encontrar pistas que nos ayuden a mejorar.

El señor Yaguchi conocía esta ley y, cuando se enteró del problema de Eiko, es decir, que sufría porque los compañeros de su hijo no lo aceptaban, llegó a la conclusión de que ella sentía rencor por alguien próximo o, dicho de otra forma, que en el fondo de su corazón había alguien a quien ella no aceptaba. Esta suposición fue de gran ayuda para Eiko, ya que le indicó el aspecto que debía trabajar para revertir la situación a la que se enfrentaba.

En mis años como consultor y asesor personal, he ayudado a muchos clientes a solucionar problemas, a conseguir sus objetivos y a realizarse como personas. Durante estos años, he podido comprobar la validez de esta ley. Muchos de mis clientes han analizado su vida bajo este nuevo prisma y la han reconsiderado, con lo cual han alcanzado un conocimiento profundo de sí mismos que los ha ayudado a cambiarla.

LOS MENSAJES QUE TRANSMITEN LAS DIFICULTADES

三

Cuando nos enfrentamos a los problemas de la vida desde la perspectiva que ofrecen las enseñanzas de esta ley, podemos percibirlos como mensajeros que nos advierten que hemos de reconsiderar nuestro estado interno.

Llegados a ese punto, me gustaría pararme en esta frase para evitar malentendidos. Cuando digo que hay que reconsiderar nuestro estado interno, que es necesario cambiar por dentro, no quiero decir que debamos olvidarnos del mundo exterior y que no tengamos que realizar ninguna acción real y concreta enfocada a cambiar el mundo que nos rodea.

Los problemas que afrontamos día a día se suelen resolver mediante acciones específicas fuera de nosotros mismos. Si nos centramos exclusivamente en nuestro interior y no realizamos ningún cambio a nivel externo, nada cambiará, ¿verdad?

Por ejemplo, cuando alguien hace o nos dice algo que nos desagrada, le decimos que pare o nos protegemos poniendo tierra por medio. Es importante hacer algo concreto para resolver el problema.

Sin embargo, existen casos en los que, pese a haber llevado a cabo todas las acciones a nuestro alcance, nada cambia. En momentos como este hay que volver a examinar nuestro interior y ver cuáles son los mensajes que nos intenta transmitir la situación que estamos viviendo. Cuando consigamos entender lo que quiere expresar ese problema acerca de nosotros mismos, tendremos las pistas para resolverlo.

Es necesario ir con cuidado, porque, cuando se ha analizado el problema y se ha alcanzado la conclusión de que «el motivo se encuentra en nuestro interior», no es inhabitual que la búsqueda se vuelva adictiva.

Por ejemplo, imaginemos que no encontramos la causa interna de nuestros males cuando nos enfrentamos a una dificultad e intentamos analizar lo que pasa. Si nos empeñamos en encontrarla pase lo que pase, nos perderemos en un laberinto que no nos conducirá a ningún sitio.

Es normal que intentemos mejorarnos a nosotros mismos cuando creemos haber encontrado el motivo posible de nuestro problema, una pista sobre cómo conseguirlo. Lo que pasa es que, cuando no podemos encontrar una causa clara, es más constructivo cambiar de punto de vista y centrarnos en las acciones que se encuentran a nuestro alcance en ese momento. Dar indicaciones a los demás teniendo en cuenta las enseñanzas de esta ley no es muy aconsejable. Cuando le decimos a alguien que sufre «El origen del problema está en tu interior», puede sentirse ofendido y tener la sensación de que lo estamos culpando de su situación.

Cuando sufrimos, las personas preferimos que nos entiendan y empaticen con nosotros, en lugar de ofrecernos una indicación sobre la posible causa del problema.

En nuestra lectura, el señor Yaguchi escucha todo lo que le cuenta Eiko y luego expresa su apoyo diciéndole: «No hay nada más difícil para una madre que ver sufrir a un hijo, ¿verdad?». En la mayoría de los casos, la mejor manera de ayudar es escuchar atentamente y transmitir nuestro apoyo y nuestra comprensión.

Sin embargo, en nuestra historia, el señor Yaguchi no se limitó a hacer que Eiko se sintiera comprendida. También le dijo que era posible que el origen del problema estuviera en su interior. En este caso, funcionó, además de por el hecho de que el señor

Yaguchi era un profesional, porque Eiko estaba muy desesperada por resolver el problema y optó por pedir ayuda, con una actitud receptiva y colaborativa.

Algunos aspectos se pudieron analizar porque Eiko y el señor Yaguchi no se conocían. Si alguien próximo te dice que el problema está en tu interior, es normal que te sientas herido y acorralado a nivel psicológico. Cuando queremos transmitir las enseñanzas de esta ley, lo mejor es tener preparado algún libro que la explique y, después de escuchar atentamente los problemas de la persona a quien queremos ayudar, decirle: «Este libro te puede ayudar» y dejar que el libro hable por nosotros.

QUÉ ES PERDONAR

四

Ahora analizaremos un poco el tema del perdón.

Sentimos que no podemos perdonar a una persona cuando nos centramos en temas del pasado y guardamos rencor en nuestro corazón.

En el caso de Eiko, reprochaba las palabras y los actos de su padre en el pasado. Aunque conscientemente casi no pensaba en él, de manera inconsciente continuaba culpándolo.

No podemos encontrar la paz cuando estamos en pie de guerra contra alguien y sentimos que no lo podemos perdonar. El corazón se siente desbordado por la pesadez que contiene y nosotros nos sentimos angustiados.

En cambio, cuando nos decidimos a cambiar la situación y a perdonar, sentimos que nos libramos de una maldición del pasado y alcanzamos una sensación de libertad emocional que antes no teníamos. El perdón nos ofrece la posibilidad de que descansen nuestra alma y nuestro corazón.

Ahora me gustaría que nos parásemos a buscar una definición de «perdonar».

Cuando hablamos de perdonar, no nos referimos a aceptar ni a hacer la vista gorda a lo que hacen los demás. Tampoco se trata de aguantar su desprecio, sabiendo que no hemos hecho nada para merecerlo.

Perdonar es librarnos de los hechos del pasado y escoger la propia tranquilidad para el momento presente. Este es el significado que se le quiere dar a esta palabra en nuestra historia.

La indulgencia nos permite romper con antiguas ataduras, permitiéndonos vivir aquí y ahora.

QUÉ DEBEMOS HACER ANTES DE PERDONAR

五

Hay dos cuestiones que necesitamos tener en cuenta cuando nos planteamos perdonar a alguien.

La primera es tomar las medidas necesarias para protegernos de quien nos daña, cuando sus acciones o sus palabras todavía nos afecten.

Por ejemplo, si tenemos un jefe que abusa de su posición de poder, tenemos que priorizar y, antes de plantearnos olvidar sus ofensas, hemos de protegernos de él para evitar que nos haga más daño.

Si, pese a nuestras peticiones, no accede a dejar de lado su actitud abusiva, tenemos la opción de pedir ayuda a su superior o de hablar con el departamento de recursos humanos. Si fuera necesario, también podríamos buscar alguna entidad externa o dejar nuestro trabajo, es decir, hacer lo que haga falta para que esa persona no siga abusando de su autoridad con nosotros.

Por mucho que lo intentemos, es imposible perdonar a una persona que nos está perjudicando mientras dura el abuso. Por tal motivo, es importante dibujar una frontera adecuada entre esa persona y nosotros mismos, para que nos proteja.

El segundo factor que hay que tener presente antes de perdonar es que debemos deshacernos de todos los sentimientos que tengamos respecto a esa situación presente o pasada. Es necesario expulsar el odio y el rencor o la tristeza y el sufrimiento que nos haya provocado la relación nociva. Si no lo hacemos y pasamos directamente a la fase del perdón, estaremos enterrando esos sentimientos en el fondo de nuestro corazón y lo más probable es que eso tenga repercusiones psicológicas en nuestra vida cotidiana.

Por ejemplo, si estamos enojados con alguien y no lo manifestamos, esta negatividad quedará atrapada en nuestro interior y es posible que experimentemos remordimientos u odio hacia nosotros mismos por permitírnoslo. Por lo tanto, es muy importante expulsar de nosotros estos sentimientos.

Con esto no quiero decir que tengamos que decirle a la persona que nos lastima todo lo que nos pasa por la cabeza, porque sería demasiado violento.

Lo que hizo Eiko en la historia fue escribir en una hoja todo lo que le recriminaba a su padre. Es fundamental ser conscientes de que escribimos sabiendo que la otra persona no lo leerá nunca, porque nos permitirá desahogarnos sin censuras y expresar toda nuestra cólera y todo nuestro resentimiento. El papel es nuestra vía de escape.

Eiko consiguió librarse del odio que sentía por su padre mediante frases como «Me das asco» o «¡No sirves como padre!» Es recomendable comenzar por canalizar la agresividad por esta vía. Al hacerlo, accedemos a los sentimientos de angustia y sufrimiento ocultos y nos podemos deshacer de ellos.

No os preocupéis si sois incapaces de escribir lo que os ha pasado y no lográis hacerlo solos. Siempre se puede buscar ayuda de profesionales del *coaching* o de psicólogos hasta encontrar la fuerza para dar el paso. Es mejor no precipitarse.

PERSONAS INCAPACES DE ESTABLECER FRONTERAS CON SUS PADRES

六

Ya hemos comentado que, antes de perdonar, es indispensable dar dos pasos, que resultan especialmente difíciles cuando se enmarcan en la relación entre padres e hijos.

Por un lado, comentábamos que es importante trazar una frontera adecuada entre la persona que nos hiere —el padre o la madre— y uno mismo. Para quienes no han definido nunca estos límites, es muy difícil.

Muchos adultos aún no han conseguido delimitar su espacio

y se sienten manipulados por el exceso de preocupación o de interferencia en su vida por parte de sus padres, algo que les ocurre a menudo a quienes se han criado en un ambiente sobreprotector o muy controlador, en el cual los padres decidían según su voluntad sobre todas las facetas de su existencia y que motiva muchas de las consultas que me llegan de los lectores.

Para tratar con tacto este problema, lo primero que deberíamos hacer es analizar la posición del padre sobreprotector. Como indica la palabra, un padre sobreprotector es el que vela en exceso por su descendencia. Últimamente también se los conoce como «padres-helicóptero», porque no quitan los ojos de encima de sus hijos y actúan como si los sobrevolaran todo el tiempo, vigilantes siempre para bajar en picado a rescatar a su pequeño ante la más mínima dificultad.

Por ejemplo, si un niño de primaria está triste porque se ha peleado con sus amigos, no hace falta que el padre o la madre irrumpa en el conflicto, sin que el niño se lo haya pedido, para indicarle cómo debe actuar en esa situación. Algunos padres llegan incluso al extremo de llamar a los padres de los otros niños para exigirles que solucionen el enfado de estos con sus hijos.

Este tipo de padres priva a sus hijos de la posibilidad de experimentar el fracaso o la frustración. Los pequeños pierden la oportunidad de aprender a resolver los problemas en las relaciones con sus amigos y también la de buscar por sí mismos la manera de solucionarlos.

Todos crecemos gracias al aprendizaje que nos proporcionan las dificultades, los errores y las aflicciones, que es lo que nos ayuda a cultivar nuestra independencia. La actuación de los padres sobreprotectores impide, precisamente, que los hijos se desarrollen psicológicamente como personas autónomas.

Una característica de estos padres es que desean a toda costa evitarles a sus hijos todo tipo de decepciones, así que les compran todo lo que piden y acceden a todas sus demandas. Actuando de esta manera, lo que consiguen es que sus hijos no experimenten adecuadamente la frustración y no desarrollen la capacidad de controlar sus propios deseos.

A los progenitores sobreprotectores también se los conoce como «padres *curling*», en referencia al deporte que se practica sobre una pista de hielo y en el que los jugadores tienen que lanzar una piedra sobre la superficie de la pista y barrer el hielo insistentemente con un cepillo para guiar la piedra y hacer que se deslice lo más lejos posible. De la misma manera, los padres *curling* tratan de evitar los sobresaltos en las vidas de sus hijos, retirando del camino todos los obstáculos que aparezcan.

Los padres que tienen hijos en los últimos años de primaria a menudo controlan de principio a fin los horarios de sus hijos. Son padres que les dicen a sus hijos antes de salir de casa cosas como: «Hoy la cuarta clase era la de Música, pero recuerda que la han cambiado por Educación Física. ¿Has cogido la ropa de deporte?» o «Es muy probable que hoy llueva, así que llévate un paraguas».

Un niño debería ser perfectamente capaz de pensar por sí mismo estas cosas, pero, en cambio, son los padres quienes lo hacen por él, evitando así que experimente un posible fracaso. Se adelantan, para que no sufran ningún daño, no pasen un mal trago ni se equivoquen. Sin pretenderlo, les roban la oportunidad de crecer y de ser independientes emocionalmente. Privados de esta independencia, los hijos son incapaces de romper con los padres y de establecer los límites necesarios para su desarrollo.

Esta situación de dependencia los lleva a crecer y a convertirse en adultos a los cuales les cuesta establecer límites con otras personas y los vuelve especialmente vulnerables a la manipulación de los demás y muy sensibles a sus actos y comentarios.

PADRES QUE INTENTAN CONTROLAR A SUS HIJOS

七

Ahora hablaremos de los padres excesivamente controladores, que controlan a voluntad los movimientos de sus pequeños y no dejan de mandar: «Haz esto», «Haz aquello» o «Deja de hacer eso».

Dicho de una forma más directa, son padres que no entienden que sus hijos son personas diferentes a ellos mismos, con sus propias preferencias y sentimientos, que no responden, necesariamente, a sus expectativas. No se dan cuenta de que controlan en exceso a sus hijos, ignoran su personalidad y los privan de autonomía.

Los niños maduran y logran su independencia cuando consiguen crear un lugar mental seguro, sin interferencias de terceros, en el que pueden ser ellos mismos. Lograr esto requiere la existencia de límites entre ellos y sus progenitores.

Los padres controladores ignoran estos límites y controlan en exceso su vida, bloqueando el proceso de construcción de estas fronteras, es decir, impidiendo la necesaria creación de la personalidad propia del niño. Para quien desee más información sobre la formación de la personalidad, recomiendo mi libro

«*Kore de ii*» *to kokoro kara omoeru ikikata*, de la editorial japonesa Sunmark.

Veámoslo de una forma más detallada.

Imaginemos que un niño de primer ciclo de primaria tiene un secreto. El niño piensa: «Esto no se lo puedo contar a mis padres, pero sí a mis amigos». Esta actitud es normal. Significa que el niño está creando fronteras psicológicas con los padres, lo cual le permitirá gestar un espacio propio en el que se sienta seguro.

Algunos padres controladores entran en la habitación de sus hijos sin pedir permiso mientras están en la escuela para ordenar o limpiar y se permiten leer su diario, mirar los cajones o consultar el registro de llamadas del teléfono móvil.

Los niños con un sentimiento de independencia incipiente se quejarán a sus padres y les pedirán que no entren más en su habitación sin permiso. En cambio, los niños criados por padres controladores no son capaces de expresar estas quejas. Les han cortado las alas de su autosuficiencia incipiente.

En caso de que el hijo reúna el valor para quejarse a sus padres por su actitud, la respuesta que le darán será algo así como: «Si no te gusta, limpia tu habitación todos los días; si lo haces, no entraremos más». De esta forma, imponiéndoles unos obstáculos difíciles de superar, la mayor parte de las veces se logra que los niños se den por vencidos y se les arrebata la posibilidad de trazar sus propias líneas rojas.

En realidad, son los padres los que no pueden dejar volar solos a sus hijos. Dependen de ellos y no pueden aceptar que quieran establecer esta distancia. Son padres que critican a los amigos de sus hijos y les advierten de que «es mejor que no vayas con tal chico o chica» o que intentan manipularlos para que entren en tal o cual instituto de prestigio o sigan tal o cual carrera. En algunos casos, los intentos de controlar el destino de sus descendientes continúan hasta la edad adulta, en la cual pretenden influir incluso en la elección de la pareja o del trabajo. No soportan que algo no se realice según sus designios.

Aunque digan a sus hijos: «Es tu vida, así que haz lo que quieras, que yo no me meteré», cuando los hijos toman una decisión que no les gusta, lanzan un suspiro de desaprobación, ponen cara triste o se muestran malhumorados. Buscan influenciar de manera indirecta para conseguir que el hijo actúe como ellos quieren.

Los hijos que no han conseguido establecer una distancia apropiada con sus progenitores siguen ligados emocionalmente a ellos y no soportan sus expresiones de desaprobación ni notarlos de mal humor, de modo que tienden a escoger las opciones que cumplen con sus expectativas, aunque impliquen dejar de lado sus propios sentimientos.

LA SUPERACIÓN DE LA DEPENDENCIA PATERNOFILIAL

八

En este apartado me gustaría analizar la época de rebeldía desde el punto de vista de la creación del propio yo. En el proceso de rebeldía diferenciamos dos fases: la que se da en la infancia y la que se da en la adolescencia. Nosotros nos centraremos en la segunda.

Cuando los niños alcanzan la adolescencia, cuestionan y juzgan extraña o ridícula la manera de pensar de sus padres. Surgen también sentimientos de rabia hacia ellos que son fuente de enfrentamientos. Esto se considera la segunda fase de la época de rebeldía.

Los hijos que en su infancia han experimentado un fuerte control paterno son los que actúan de manera más exaltada en esta etapa y hacen lo que saben que provocará reacciones airadas de sus padres, intentan violentarlos verbalmente o rechazan todos sus valores y sus puntos de vista, con lo cual, cuando dejan atrás la época de rebeldía, logran establecer líneas rojas y liberarse del influjo que los padres ejercían sobre ellos. Se han convertido en personas psicológicamente autónomas.

Aunque la adolescencia de sus hijos supone un peso para muchos padres, es necesario comprender que esta época de rebeldía es fundamental para el proceso de desarrollo hacia la vida adulta.

Los comportamientos adolescentes de los hijos son también una oportunidad para que los padres recuperen su propio espacio. Aunque esta forma de actuar de la descendencia suponga una decepción, el alejamiento también les permite constatar que no pueden controlarlos a voluntad, que no son de su propiedad y que, así como sus hijos decidirán su camino, los padres también deben vivir su propia vida.

Dicho de otro modo: si para los hijos la rebeldía es una época necesaria para aprender a ser independientes, para los padres es imprescindible para aprender a desvincularse de los hijos.

Pasada la decepción que significa el proceso de la adolescencia, los padres entienden que no pueden seguir ejerciendo el mismo control que antes y finalmente logran romper con la obsesión que los unía a sus descendientes. Al dar este paso, comprenden que deben recuperar las riendas de su existencia y se preparan para ser felices durante las siguientes fases de su vida.

Hasta ahora hemos hablado del significado y la importancia que el paso por la época rebelde tiene en el camino hacia la madurez. Sin embargo, cabe destacar que existen muchos adultos que no han logrado completar este proceso por culpa de unos progenitores con una excesiva capacidad de influencia sobre ellos, que son demasiado controladores, protectores o de cualquier otro tipo.

Por ejemplo, cuando los padres tienen una mentalidad inestable o tienen problemas de pareja, la familia no puede permitirse aceptar el sentimiento de rebeldía de los hijos y estos se sienten incapaces de desarrollarlo.

Ocurre lo mismo cuando los padres gozan de una posición de privilegio y son respetados en la sociedad en la que viven, ya que los hijos piensan que, si el resto de la comunidad los ve con buenos ojos y valora positivamente sus opiniones, es inconcebible que ellos piensen diferente. En estos casos resulta muy complicado rebelarse.

Quienes llegan a la edad adulta sin establecer estos límites con sus padres experimentan también muchas dificultades cuando se trata de establecer límites con otras personas, lo cual implica que tengan muchos problemas para decir que no cuando se les pide cualquier cosa y que les cueste no ser víctimas de la manipulación de los demás. Suelen actuar como los buenazos del grupo y sufren porque la gente se aprovecha de ellos.

CÓMO ESTABLECER LÍMITES

九

Recomiendo a los adultos que aún no han logrado establecer límites con sus padres que vuelvan atrás y se rebelen. Evidentemente, no lo harán como si fueran adolescentes, lanzando directamente toda la rabia contra los progenitores, sino trazando líneas rojas de una manera mucho más racional.

Mi consejo es que escriban en un papel sus sentimientos de cólera, como mostramos cuando nos referimos a las dos cosas que hay que llevar a cabo antes de perdonar. Se aplican igual cuando se trata de establecer nuestro espacio.

En primer lugar, es muy importante crear una frontera adecuada entre los padres y uno mismo, para evitar el daño que provenga de ellos y, en segundo lugar, es necesario desfogarse y expresar todos los sentimientos que provoca en nosotros esta situación.

Trataremos primero la primera regla. Si, con los hijos adultos, los padres siguen siendo muy controladores, es muy útil establecer primero una distancia física. Eso es especialmente efectivo cuando todos viven bajo el mismo techo.

La opción de vivir por separado, cuando existe esta posibilidad, es muy efectiva para poder crear nuestro espacio. Cuando es inevitable vivir juntos, se puede tratar de aumentar la cantidad de horas que pasamos sin ellos, por ejemplo, estableciendo horarios de comidas diferentes o incrementando el número de horas que pasamos fuera de casa.

A menudo esto no basta. Los padres excesivamente controladores, pese a los intentos de los hijos de establecer su propio espacio, aprovecharán los momentos en los que coincidan con ellos para criticarlos, les enviarán mensajes al teléfono móvil para preguntar dónde están y si volverán tarde o, si los hijos se van de casa, los llamarán como mucho cada tres días. Harán lo posible para intentar suprimir la línea divisoria que intentan trazar.

En momentos como estos necesitamos plantarnos y decir «¡Basta!». Tenemos que expresar directamente y con claridad que queremos que nos dejen en paz. Podemos decirles que dejen de preocuparse por todo o que no se metan más en nuestra vida. Lo ideal es expresar con claridad peticiones concretas, como por ejemplo: «No quiero que me mandes más mensajes al móvil».

Si hay algo que nuestros padres no aceptan pero deseamos hacer, es aconsejable intentarlo y establecerlo como punto de partida.

LOS SENTIMIENTOS DE CULPA EN EL PROCESO DE INDEPENDENCIA

Estoy seguro de que muchas personas experimentarán grandes dificultades cuando quieran poner en práctica estas enseñanzas, a causa de los fuertes sentimientos de culpa que les genera el hecho de no responder a las expectativas de los progenitores.

En el caso nipón, son especialmente las madres las que utilizan el chantaje emocional para someter a sus hijos, haciendo que se sientan culpables con frases que muestran la entrega y el sacrificio que ha supuesto dedicarse a su crianza, como «Me he esforzado mucho para que seas feliz».

En su libro *Haha wo sasaeru musumetachi* («Las hijas que apoyan a sus madres»), el psicólogo Kouichi Takaishi denomina a esta técnica «control masoquista». En Japón se dan muchos casos como este.

Como indica Takaishi, con estos sacrificios autoimpuestos, envían al hijo un mensaje tácito que lo ata de pies y manos: «Nadie se preocupa por ti más que yo», con lo cual el hijo experimenta un gran sentimiento de culpa cuando deja de responder a los deseos de los padres y quiere volar por sí mismo.

En muchos casos se acepta el control parental para no tener que cargar con este peso, pero esta es una fase obligada para llegar al estadio de adulto independiente y es necesario mantener la determinación de decepcionar a los padres, exista o no este tipo de sentimientos de culpabilidad. En la mayor parte de los casos, los remordimientos van desapareciendo a medida que se establece una relación sana de independencia con los progenitores.

A continuación, me gustaría comentar las opiniones de algunos psiquiatras sobre este tema.

Nos detendremos, en primer lugar, en las palabras que dirige Okada Takashi a las personas que sufren por no haber logrado desvincularse de sus progenitores, sobre todo de las madres, en el libro *Haba to iu yamai* («La enfermedad llamada *madre*»).

«Para desarrollar el propio yo, es necesario establecer cierta distancia con respecto a la madre. Cuando esta distancia no es suficientemente grande, somos dependientes o nos están dominando. [...] Los afectos codiciosos e inseguros en los lazos maternofiliales no se pueden romper, aunque haya llegado el momento. Cuando se intenta deshacer este vínculo, ambos se resisten a permitirlo.

»El hijo experimenta sentimientos de culpabilidad y ansiedad al oír los lloros o las críticas de su madre; nace en él la sensación de que no puede ir a ningún sitio sin ella y, si la abandona, se siente un mal hijo. La situación en este punto aún es reversible, si decide alejarse rápidamente de las faldas de su madre».

[...]

«En cierto sentido, el primer paso que hay que dar, por doloroso que sea, para llegar a ser un adulto independiente es desentenderse de la situación de la madre. Es una fase dura, en la que sentiremos que se nos rompe el corazón. La experiencia es mucho más difícil para quienes se han sentido queridos y mimados durante su infancia que para quienes no sienten que han recibido tanto afecto».

Ahora quisiera reflexionar sobre las palabras de Saitou Satoru en el libro *Innaa mazaa* («La madre que llevamos dentro»), en el que nos presenta el caso de una mujer con bulimia nerviosa que sufría enormemente por no haber podido romper el lazo que la unía con su madre.

«Antes de sentir pesar por nuestra madre, debemos tomarnos un momento para compadecernos de nosotros mismos. [...] No podemos ayudar a nadie, si antes no nos hemos ayudado a nosotros mismos. La bulimia nerviosa nunca habría aparecido, si, en lugar de pensar "Pobrecita mi madre", hubiéramos pensado "Mi madre ha sufrido, pero es su vida y yo tengo la mía y tengo quc tratar de ser feliz"».

NO PREOCUPARSE EN EXCESO POR LA FELICIDAD MUTUA

十一

Quiero volver a insistir en este tema: romper de una forma clara con los padres no tiene nada de malo. De hecho, incluso es beneficioso para su felicidad. Si los padres no consiguen desvincularse de este exceso de dependencia, experimentarán un fuerte sentimiento de fracaso si no se cumplen las altas expectativas depositadas en los hijos.

Para que tanto los padres como los hijos sean felices, es imprescindible que cada una de las dos partes deje espacio y se separe de la otra.

Las terapias de familia permiten saber si hay que establecer una distancia mayor entre los miembros. El terapeuta Salvador Minuchin estudia las características de las familias con hijos con trastornos alimenticios en el libro *Psychosomatic Families: Anorexia Nervosa in Context* («Familias psicosomáticas: anorexia nerviosa en contexto»).

Cuenta, por ejemplo, que cuando los miembros de una familia están muy unidos se acostumbran a crear unos lazos fuertes y muy próximos, forzando que la distancia entre ellos sea mínima.

En estos casos, los padres sienten que tienen que involucrarse en la vida de los hijos para que sean felices y, al mismo tiempo, los hijos sienten que deben responder a las expectativas de los padres para que puedan sentirse orgullosos. Padres e hijos actúan pensando en satisfacer al otro.

Cuando la organización familiar deja de ser funcional, se manifiesta con patologías en los niños, como los trastornos de la conducta alimentaria. Incluso en los casos en los que los trastornos existen de forma temporal pero no se manifiestan, se cree que gran parte de la responsabilidad psicológica recae en algún miembro de la familia.

Construir y conservar las fronteras apropiadas entre los integrantes de la unidad familiar sirve para propiciar una vida en familia sana y establece los fundamentos para la felicidad de todos.

En realidad, en el proceso de constitución de fronteras no es necesario ser radical. Es mejor comenzar con cambios sutiles y hacer que el resto de los familiares se acostumbren poco a poco.

Probablemente, no lo conseguiremos a la primera. Cambiar hábitos enraizados no es algo que se logre de la noche a la mañana. Introducir pequeños cambios nos servirá, con el tiempo, para lograr cambios mayores.

Es necesario tomarse este proceso con calma, sin estridencias, para ir conquistando milímetro a milímetro el espacio entre nosotros y nuestros padres. En la medida de lo posible, se les tiene que hacer llegar un mensaje —puede ser verbal o mediante un cambio de actitud— que deje claro que no podemos responder a las expectativas que han creado con respecto a nosotros.

EXPRESAR LOS SENTIMIENTOS

十二

Hasta ahora hemos hablado de la primera medida para establecer fronteras con los padres, es decir, sobre la manera de retomar la rebeldía, una vez pasada la adolescencia.

En el caso de Eiko, la protagonista de nuestra historia, este primer paso no fue necesario para poder perdonar a su padre. No convivía con él desde que se casó y solo volvía a casa de sus padres en contadas ocasiones, como en Nochevieja o en las vacaciones de verano, con lo cual era difícil que su padre pudiera meter baza en sus asuntos, ya que había establecido una clara barrera psicológica con él.

Lo que ella necesitaba era dar el segundo paso, es decir, permitirse expresar sus sentimientos. Desde el instituto se había cerrado en banda y no le hablaba. Había enterrado profundamente sus sentimientos y no había tenido oportunidad de confesarlos. Al principio le costó mucho expresar su odio, pero al final lo logró. Escribiendo, consiguió deshacerse de ellos y completar la segunda fase de una rebeldía tardía.

Es probable que quienes manifestaron en su día a sus padres su rabia no sean capaces de escribir ni una sola línea. En este caso, podemos ahorrarnos este trámite. Tampoco será necesario este paso si en el momento actual los padres ya respetan lo suficiente nuestra voluntad y nuestros sentimientos o si no sentimos ningún tipo de animadversión hacia ellos.

Por otro lado, es muy probable que quienes hayan aguantado muchos agravios y se sientan culpables por experimentar resquemor escondan en su interior dos o tres cosas no muy agradables que querrían dejarles claras.

En ocasiones nos privamos de expresar nuestro disgusto porque, inconscientemente, nos convencemos de que nuestros padres tenían sus motivos y que no está bien culparlos. En estos casos, muchas personas tienen problemas para dejarse llevar delante del papel.

Como ya hemos comentado, nuestro resentimiento se vuelve en nuestra contra cuando lo escondemos y provoca remordimientos o animadversión hacia nosotros mismos, de modo que conviene que nos demos permiso para culparlos. Es necesario que nos convenzamos de que no es necesario asumir solos toda la responsabilidad del daño que nos ha provocado la relación paternofilial.

Antes he hablado un poco bruscamente sobre los padres que sobreprotegen y controlan en exceso a los hijos. Me he expresado en tales términos para mostrar a quienes hasta el momento han sido incapaces de ponerles a sus padres los puntos sobre las íes que no hace falta que carguen solos con la culpa. Tenemos que permitirnos recriminarles lo que hayan hecho mal.

Para poder perdonarlos de forma sincera, es imprescindible

expresar sin restricciones nuestros sentimientos y dejar claro que ellos también han actuado de forma incorrecta.

Como ya hemos dicho, esto no supone que debamos enfrentarlos. El papel será nuestro aliado y aceptará todo lo que le confesemos.

Antes hemos comentado cuáles eran las dos cosas que debíamos hacer para poder perdonar. La primera era trazar una frontera adecuada entre nosotros y nuestros padres y la segunda era deshacernos de todos los sentimientos negativos que sintamos por ellos. Intentar saltarnos estos dos pasos y perdonarlos directamente puede hacernos sufrir.

He recibido correos de muchos lectores que me confesaban que, cuanto más trataban de exculpar a sus padres, más dolor les provocaba la situación. Esto suele ocurrir cuando se saltan uno o los dos pasos.

Enfrentarnos a estas dos fases nos ayuda a concluir la fase de rebeldía no realizada y librarnos del yugo que nos ata a nuestros progenitores.

Podremos perdonarlos sinceramente por primera vez y agradecerles su dedicación cuando nos sintamos libres y desvinculados de su tiranía. Solo cuando hayamos establecido una distancia apropiada podremos comenzar a construir sin reservas una relación paternofilial feliz.

EL REGALO MÁS GRANDE PARA UN HIJO

十三

Hasta el momento hemos abordado las situaciones desde el punto de vista de los hijos y no desde el de los padres. Estoy seguro de que alguno de los lectores se ha sentido identificado leyendo estas líneas y ha pensado que es un padre o una madre sobreprotector o demasiado entremetido.

En ese caso, no nos martiricemos. Los padres también son personas de carne y hueso y, como tales, es normal que tengan defectos y debilidades. Nadie es perfecto.

Cuando estamos criando a un hijo, surgen mil y una preocupaciones e inseguridades. Son mecanismos que deberían servirnos para protegerlos de manera adecuada según su edad y también para guiarlos. Los problemas empiezan cuando estas ansiedades nos superan y no somos capaces de enfrentarnos a ellas solos, ya que precisamente en esos casos tendemos a proteger o a controlar en exceso.

Es importante ser conscientes de en qué momento una situación es demasiado para nosotros. Debemos conocernos a nosotros mismos, medirnos con las dificultades y aceptar nuestras limitaciones. No hay ningún problema por pensar: «En estos momentos estoy muy preocupado y angustiado. El problema es tan grande que no sé por dónde empezar».

Debemos hacer todo lo posible para trazar estrategias que eviten que estas ansiedades e inseguridades se transformen en un control excesivo o una sobreprotección de los niños. Por ejemplo, cuando nos sentimos superados por los sentimientos, podemos compartir con nuestra pareja las preocupaciones sobre la educación de los hijos. Compartir la carga entre dos nos ayuda a hacerla más llevadera. Para que esto sea factible, será necesario, en algunos casos, reconstruir esa relación.

Mi recomendación para los padres y madres solteros es buscar alguna persona con quien poder conversar sobre las preocupaciones que supone la crianza, para no cargar con ellas solos. Criar a un hijo solo es muy difícil y cuando los sentimientos nos desbordan es fácil que la situación acabe pasando factura a los pequeños.

Somos seres imperfectos e inexpertos a los que nos queda mucho por aprender. Los padres también deben permitirse ser así.

La imperfección significa que hay margen para el crecimiento y la inexperiencia y que a partir de ahora sabremos más, adquiriremos experiencia y maduraremos.

Aceptemos que somos imperfectos, que nos falta mucho por aprender. Pensemos en los pasos que debemos dar para mejorar y crecer como padres.

Creo que perfeccionarnos como padres es el mejor regalo que se le puede hacer a un hijo, ya que repercutirá directamente en él.

LOS OCHOS PASOS HACIA EL PERDÓN

十四

A continuación, concretaremos ocho pasos que son necesarios para perdonar.

Para empezar, debemos escoger a una persona a la que queramos perdonar o a alguien a quien sabemos que conviene perdonar. Una vez definida, debemos seguir los ocho pasos que mostraremos a continuación.

También es aconsejable llevar a cabo este proceso con los padres. Las personas casadas deberían aplicarlo con su cónyuge, y las divorciadas, con su ex. Estos pasos también son útiles cuando la persona que queremos perdonar ha muerto. En este caso, no dudemos en utilizarlos.

PASO 1. TRAZAR FRONTERAS

Es necesario expresar claramente nuestro rechazo con un «¡No!» o un «¡Basta!», para hacerle abandonar esa actitud y protegernos creando una distancia física, huyendo de esa persona. Analizar la situación con alguna institución o asesor experto también nos puede resultar útil.

Si la persona en cuestión ya no puede hacernos daño, podemos pasar directamente a la fase siguiente.

PASO 2. DESFOGARNOS

Preparad algunos folios y escribid todos los sentimientos que provoca en vosotros o que ha producido la persona escogida. También podemos expresar las sensaciones que nos ha provocado un hecho concreto relacionado con esa persona. En tal caso, es más importante remarcar lo que sentimos que describir el hecho en sí.

Recomiendo empezar por los sentimientos más violentos de rabia y odio. Debemos ser directos y expresar nuestros comentarios sin tapujos, ya que la persona a quien va dirigido no debe leerlo. «¡No me llegas ni a la suela del zapato!», «Me das asco» o «No vales nada». Las palabrotas que se nos ocurran son también perfectamente válidas. Hemos de escribir sin censuras lo que nos venga a la cabeza.

Convertid en palabras toda la tristeza y los sentimientos de angustia que os han hecho sufrir durante este tiempo. Conectad con vuestra tristeza y vuestro sufrimiento y dejadlos fluir en forma de palabras. Si os apetece llorar, no os reprimáis.

Cuando ya no tengáis nada más que decir podéis dejar de escribir, romper el papel y tirarlo a la basura.

PASO 3. ENTENDER LAS MOTIVACIONES

1- Describid en un folio la conducta que no hayáis podido perdonar.

2- Intentad imaginar qué la provocó y escribidlo en el mismo papel. Las motivaciones de las personas se dividen, *grosso modo*, en dos tipos: huir del dolor y experimentar placer.

¿Qué motivó su conducta? ¿De qué tipo de dolor estaba huyendo o qué tipo de placer buscaba? Piensa en ello y refleja en el papel cuáles han sido, según tu criterio, los motivos de su comportamiento.

3- Cuando acabéis, tomaos unos minutos para entender que esa persona actuó de la manera que lo hizo a causa de su inmadurez y de sus inseguridades.

Todos adoptamos a menudo conductas erróneas. A veces pretendemos conseguir la felicidad con actividades que acaban perjudicándonos o intentamos huir del dolor y solo lo acrecentamos.

Eso nos ocurre porque somos seres humanos inmaduros, torpes y con debilidades. Debemos entender que la persona que nos ha hecho daño tenía los mismos defectos.

4- Debemos decirnos a nosotros mismos: «Fulano, como yo, también quería huir del dolor. Fulano, como yo, también buscaba la felicidad».

PASO 4. EXPRESAR AGRADECIMIENTO

Escribimos los motivos por los cuales podemos estar agradecidos a la persona escogida. Pueden ser hechos insignificantes, pero es importante dedicar tiempo a esta tarea y tratar de encontrar la mayor cantidad posible de motivos.

PASO 5. RECITAR PALABRAS DE AGRADECIMIENTO

Debemos repetir una y otra vez: «Muchas gracias, Fulano». Si es en voz alta, mejor. También se puede recitar en voz baja, únicamente para nosotros.

Puede que no sintamos todavía una gratitud sincera hacia esa persona. Comencemos por la forma y el fondo vendrá solo. Aunque nos cueste, debemos dedicar unos minutos a repetir este mantra de palabras de agradecimiento.

Llegados a este punto de nuestra historia, el señor Yaguchi propone a Eiko que se salte esta fase y que llame a su padre. Su caso es excepcional, porque no es habitual saltarse ninguno de los pasos.

El señor Yaguchi analizó la situación de Eiko e intuyó que eso podría ser beneficioso para ella. Por lo general, este paso solo se da cuando, tras haber completado la fase cinco, la persona lo pide expresamente.

PASO 6. DISCULPARNOS

Como en las fases anteriores, debemos escribir —cuanto más, mejor— todo aquello por lo cual nos queremos disculpar.

PASO 7. ANALIZAR LO QUE HAYAMOS APRENDIDO

La siguiente etapa es escribir lo que hayamos aprendido del paso de esta persona por nuestra vida.

¿Cómo deberíamos haber afrontado esta relación? Si nos volviéramos a encontrar con una persona así, ¿cómo deberíamos tratarla? Parándonos a considerar este tipo de cuestiones, seguro que encontramos muchas otras enseñanzas que se pueden extraer de la situación.

PASO 8. RECITEMOS

Proclamemos lo siguiente:

-Fulano, te perdono para poder ser libre.

-Fulano, te perdono para poder ser feliz.

-Fulano, te perdono para poder estar en paz.

Estos son los ocho pasos que debemos seguir para poder perdonar.

Cuando hayamos completado todas las fases, haremos una pausa y nos agradeceremos por haber sido valientes para escoger el perdón. Escogiéndolo, dejamos de ser víctimas y volvemos a asumir la responsabilidad sobre nuestra vida. Debemos sentirnos orgullosos de haber dado este paso.

PERDONÉMONOS NO PODER PERDONAR

十五

Puede que conozcamos a alguien a quien, por mucho que lo intentemos, no podamos perdonar o con quien no tengamos suficiente valor para aplicar estos ocho pasos. También puede ser que lo hayamos intentado y no hayamos pasado de la tercera fase.

Si nos pasa eso, no tenemos por qué sentirnos mal. Entendamos que las heridas que nos ha causado esa persona son demasiado profundas y perdonémonos por no poder perdonarla. Todavía no estamos preparados para hacerlo.

Lo primero que debemos hacer en estos casos es aceptarlo y practicar la propiocepción. Cuanto más comprendamos cómo nos sentimos, más fácil será que aflore la voluntad de perdonar. Enfrentándonos a la tarea de conocernos, exploraremos nuestras creencias más profundas, algunas de las cuales frenan el proceso de perdón. Veamos algunos ejemplos:

- Si perdono, he perdido.
- Me siento mejor siendo yo la víctima.
- La otra persona merece recibir un castigo por su comportamiento.
- Solo se disipará mi odio tras mi venganza.
- No perdonar me sirve para protegerme.

Se pueden encontrar muchas otras creencias similares. Sería interesante dedicar un momento a analizar si estas creencias contribuyen a nuestra felicidad.

CONSEGUIR UNA VIDA FELIZ

十六

Cuando se siguen y se completan las ocho fases del perdón, puede surgir la voluntad de agradecer lo que alguien ha hecho por nosotros o pedirle perdón a la persona que habíamos odiado.

No tengo nada en contra de contactar directamente con esa persona y expresarle lo que sentimos. Sin embargo, si nos decidimos a llevarlo a cabo, es mejor no tener expectativas sobre la reacción que puede provocar nuestra confesión.

Algunos lectores me han contado que reunieron el valor necesario para expresar su agradecimiento a sus padres y la respuesta que recibieron fue un decepcionante «¡A buenas horas!».

Quien se decida a dar este paso, no debe esperar una reacción parecida a la del padre de Eiko, porque se frustraría ante una reacción diferente.

Pedir perdón o expresar gratitud debe ser un objetivo por sí mismo y no algo que uno hace con la esperanza de provocar una reacción en el otro. Nos acepten o no las gracias, habremos conseguido transmitir lo que queríamos y eso debería ser suficiente.

El hecho de que no acepten nuestras palabras solo demuestra que su dolor también es grande y que esa persona es frágil. No debemos sentirnos culpables ni dejar que eso nos afecte. Nadie nos obliga a confesar nuestros sentimientos, si nos preocupa la respuesta que vayamos a recibir. Lo más importante es que nosotros, interiormente, hayamos completado la etapa de perdón y nos hayamos librado de nuestra obsesión por la otra persona. Este es el objetivo de los ocho pasos para poder perdonar: completar un proceso interno que nos libere.

Para acabar, me gustaría que el lector recordara las siguientes palabras, que resumen lo que he intentado expresar en este libro:

Todos los problemas que encontramos en nuestra vida tienen el propósito de ayudarnos a ser conscientes de alguna realidad importante. Somos capaces de solucionar todos los problemas que afrontamos, ya que tenemos los recursos suficientes para solucionar todas y cada una de las dificultades que encontramos durante nuestra vida. Estos conflictos se nos presentan porque son claves para la construcción de una vida feliz.

¡Espero que este libro os ayude a llevar una vida feliz, que atraigáis a muchas personas maravillosas y que tu entorno se llene de personas alegres!

Yoshinori Noguchi
野口嘉則